COMPRENDRE
LA LITTÉRATURE

VOLTAIRE

L'Ingénu

Étude de l'œuvre

© Comprendre la littérature.

1 rue Honoré - 93500 Pantin.

ISBN 978-2-75930-489-9

Dépôt légal : Février 2020

Impression Books on Demand GmbH
In de Tarpen 42

22848 Norderstedt, Allemagne

SOMMAIRE

- Biographie de Voltaire 9

- Présentation de *L'Ingénu* 15

- Résumé du conte 19

- Les raisons du succès 29

- Les thèmes principaux 33

- Étude du mouvement littéraire 39

- Dans la même collection 43

BIOGRAPHIE DE VOLTAIRE

François-Marie Arouet, plus connu sous le nom de Voltaire, est né le 21 novembre 1694 à Paris, dans une famille bourgeoise. Son père, notaire et conseiller du roi, l'inscrit au collège Louis-le-Grand, dirigé par les jésuites, où il développe rapidement un talent pour la satire et la critique sociale. Ces premières inclinations l'amènent, dès le début de sa carrière, à affronter les autorités et à séjourner à la Bastille pour des écrits jugés subversifs. Sa jeunesse est marquée par une alternance d'incarcérations et d'exils, dont un séjour en Angleterre qui aura une influence déterminante sur sa pensée.

Revenu en France, Voltaire se fait rapidement un nom dans les cercles littéraires par ses tragédies, notamment *Œdipe* et *Zaïre*, et ses épîtres satiriques. Son œuvre, prolifique et variée, couvre tous les genres : théâtre, poésie, roman, essai et correspondance. *Les Lettres philosophiques*, publiées en 1734, et *Le Mondain* lui valent à la fois succès et controverses. Il s'engage dans une philosophie des Lumières, plaidant pour la liberté de pensée et critiquant les dogmes religieux et la société de droit divin.

Au milieu du XVIIIe siècle, il est nommé historiographe du roi et se lance dans de vastes travaux historiques tels que *Le Siècle de Louis XIV* et l'*Essai sur les mœurs et l'esprit des nations*, innovant dans l'approche critique et analytique de l'histoire. Son séjour à Potsdam auprès de Frédéric II de Prusse se révèle décevant et marque un tournant vers une existence plus retirée, faite d'écriture et de publications, avec notamment *Candide* en 1759 ; Voltaire s'implique également dans des causes judiciaires emblématiques de son temps, défendant les principes de justice et de tolérance.

Voltaire ne se distingue pas uniquement par son génie littéraire et philosophique ; il est également reconnu pour son habileté en tant qu'homme d'affaires. Sa capacité à accumuler une fortune considérable à travers divers investissements, notamment dans des opérations spéculatives et la vente d'armes, témoigne de son esprit pragmatique et de sa volonté d'indépendance financière. Cette aisance matérielle lui procure la liberté nécessaire pour poursuivre ses activités intellectuelles sans contraintes, soutenir ses combats pour la justice et l'équité, et lui permet de mener une vie de philanthrope, transformant ainsi le domaine et le village de Ferney en un modèle de prospérité et en un centre culturel rayonnant. Son engagement financier dans la communauté, ajouté à son activisme littéraire et philosophique, fait de lui un bienfaiteur reconnu et respecté.

La fortune de Voltaire lui offre aussi la possibilité d'entretenir une correspondance étendue avec des intellectuels, des scientifiques, des monarques et des politiciens de toute l'Europe, consolidant son réseau et influençant l'opinion publique au-delà des frontières françaises. Cette communication incessante avec les figures marquantes de son temps renforce son rôle de médiateur entre les mondes des arts, de la politique et de la science, contribuant à l'essor des idées des Lumières.

Cependant, malgré sa réputation de philosophe engagé pour les droits de l'homme, la liberté d'expression et la lutte contre l'intolérance, Voltaire entretient des relations complexes et parfois conflictuelles avec d'autres intellectuels de son époque, notamment Jean-Jacques Rousseau. Leurs divergences idéologiques et personnelles sont bien documentées, Rousseau prônant un retour à la nature et critiquant la société et les arts, que Voltaire défend. Cette tension illustre les débats foisonnants au sein même des Lumières, reflétant la diversité et la richesse de ce mouvement intellectuel et culturel. .

Le retour de Voltaire à Paris en 1778, après une longue absence, est l'occasion d'un dernier triomphe public. Il meurt quelques semaines plus tard, le 30 mai 1778, laissant derrière lui une œuvre immense qui influencera profondément la Révolution française et les débats sur la laïcité, l'éducation et la liberté individuelle. Sa postérité est assurée par son entrée au Panthéon en 1791, et sa vie comme son œuvre continuent d'être célébrées comme l'incarnation des idéaux des Lumières.

PRÉSENTATION DE L'INGÉNU

Le Huron ou L'Ingénu, sous titré *Histoire véritable tirée des manuscrits du P. Quesnel*, de Voltaire, est une œuvre qui se démarque par sa structure particulière et son mode d'expression, s'inscrivant brillamment dans le courant philosophique des Lumières. Ce conte philosophique, publié en 1767, utilise le récit satirique pour explorer des thèmes tels que la critique de la société, la religion, et l'intolérance, avec une finesse et un esprit caractéristiques de Voltaire.

Au cœur de cette œuvre, on trouve un jeune Huron, surnommé l'Ingénu, qui débarque en Bretagne. Sa découverte abrupte de la société française du XVIIIe siècle sert de prisme à travers lequel Voltaire examine et dénonce les absurdités et les injustices de son époque. Ce procédé, où un étranger observe avec naïveté et franchise une culture qui n'est pas la sienne, permet à Voltaire de poser un regard neuf et critique sur les mœurs européennes.

Le récit se déploie à travers une série d'aventures et de mésaventures vécues par l'Ingénu, ponctuées par ses interactions avec divers personnages, qui incarnent les différentes facettes de la société française. Chaque rencontre est l'occasion pour Voltaire de pointer du doigt, souvent avec humour et ironie, les contradictions et les travers de son temps, que ce soit la rigidité des institutions religieuses, la corruption du pouvoir ou les limites de la science.

Le style de Voltaire dans *L'Ingénu* est caractérisé par sa clarté, sa précision, et son efficacité. Utilisant la satire et l'ironie, l'auteur parvient à critiquer de manière voilée mais mordante les institutions et les idées reçues. Le choix du conte comme véhicule de ses réflexions philosophiques permet à Voltaire non seulement d'engager le lecteur dans une histoire captivante mais aussi de lui faire assimiler des idées complexes de manière accessible et divertissante.

À travers cette œuvre, Voltaire illustre sa maîtrise de l'art de la narration, capable de mêler divertissement et instruction, émotion et réflexion. *L'Ingénu* se distingue ainsi non seulement par son contenu intellectuel et sa critique sociale, mais également par la manière dont ces éléments sont organisés et présentés au lecteur, faisant de ce conte un exemple remarquable de la pensée des Lumières et de l'habileté littéraire de Voltaire.

RÉSUMÉ DU CONTE

Chapitre 1

Le chapitre présente l'arrivée par bateau d'un indien Huron en Bretagne, à Saint-Malo, en 1689, où il rencontre par hasard l'abbé de Kerkabon et sa sœur, Mademoiselle de Kerkabon. Touchés par sa candeur, ils l'invitent à dîner. Leur soirée est marquée par l'étonnement des invités face à cet étranger qui fascine par sa franchise et son exotisme. Rapidement surnommé l'Ingénu pour sa sincérité, le jeune homme suscite l'intérêt et les questionnements de la société locale, ouvrant le récit sur le choc des cultures et l'innocence confrontée aux conventions.

Chapitre 2

L'Ingénu offre un talisman contenant des portraits à l'abbé de Kerkabon et à Mlle de Kerkabon, qui découvrent qu'il est leur neveu perdu. Réjouis par cette révélation, ils planifient son baptême, bien que l'Ingénu ne comprenne pas l'importance de cette cérémonie, son éducation, ainsi que le fait qu'il va rester auprès d'eux en Bretagne.

Chapitre 3

L'Ingénu, envisagé pour être baptisé et possiblement entrer dans les ordres par son oncle le prieur, se montre d'abord réticent à se confesser mais finit par accepter. Toutefois, au moment de son baptême par l'évêque de Saint-Malo, il disparaît, laissant sa famille et les invités dans la confusion et l'inquiétude. Sa tante et Mlle de Saint-Yves le retrouvent finalement se baignant dans la rivière, provoquant leur surprise et émoi.

Chapitre 4

L'Ingénu insiste pour être baptisé dans une rivière, évoquant le baptême de l'eunuque de la reine Candace comme modèle. Malgré la résistance de son oncle, de l'évêque, et d'autres, sa détermination ne fléchit que lorsque Mlle de Saint-Yves l'en persuade doucement. Il accepte alors de suivre la tradition bretonne et est baptisé avec faste, devenant le filleul de Mlle de Saint-Yves et de l'abbé de Saint-Yves. Le repas qui suit est joyeux, et l'Ingénu, désormais nommé Hercule, exprime sa fidélité à ses promesses en l'honneur de sa marraine, révélant l'impact profond de cette journée sur lui.

Chapitre 5

L'Ingénu tombe amoureux de Mlle de Saint-Yves, sa marraine, et souhaite l'épouser malgré les interdictions religieuses. Ignorant les conventions, il propose de se marier immédiatement. Sa famille envisage de demander une dispense au pape, mais l'Ingénu, trouvant l'idée ridicule, décide d'agir seul pour épouser sa bien-aimée.

Chapitre 6

L'Ingénu entre alors dans la chambre de Mlle de Saint-Yves, sans prévenir, provoquant une situation embarrassante. Malgré ses intentions, il est stoppé par l'arrivée de l'abbé de Saint-Yves et d'autres personnes. Des discussions s'ensuivent sur les lois et coutumes du mariage, que l'Ingénu défie avec ses propres principes. Après avoir été difficilement convaincu de partir, il découvre plus tard que Mlle de Saint-Yves a été placée dans un couvent par son frère, ce qui le met dans une rage folle, prêt à tout pour la libérer.

Chapitre 7

Après une bataille contre un navire Anglais qui vient d'accoster en Bretagne – où l'Ingénu joue un rôle héroïque en repoussant l'invasion et sauve l'abbaye de la Montagne – il reçoit des éloges et est encouragé à aller à Versailles pour être récompensé par le roi. Armé de certificats de bravoure et d'une bourse d'argent trouvée sur l'amiral anglais vaincu, il envisage de demander au roi la main de Mlle de Saint-Yves. Il quitte la Basse-Bretagne sous les acclamations, portant les espoirs de son oncle et de sa tante, ainsi que son amour pour Mlle de Saint-Yves.

Chapitre 8

Sur le chemin de Versailles, l'Ingénu voyage par coche et s'arrête à Saumur, où il découvre la ville presque déserte à cause de la révocation de l'édit de Nantes. À l'hôtellerie, il discute avec des protestants fuyant la persécution, qui lui expliquent qu'ils refusent de reconnaître le pape comme maître du domaine des rois. Touché par leurs récits, l'Ingénu se promet de parler au roi pour révéler la vérité et obtenir justice. Un jésuite présent à la table espionne la conversation et envoie un rapport à Versailles, où l'Ingénu et la lettre du jésuite arrivent presque simultanément.

Chapitre 9

L'Ingénu est à Versailles et, après des tentatives infructueuses de parler au roi ou à ses ministres, se retrouve emprisonné dans la Bastille sur ordre de Louvois, minsitre de la guerre, influencé par des accusations du bailli et du père La Chaise, conseiller du roi, qui a reçu la lettre de l'espion jésuite. Confus et furieux, il résiste violemment mais est finalement enfermé avec un vieux prisonnier janséniste de Port-Royal, Gordon, laissant les deux hommes isolés du monde.

Chapitre 10

L'Ingénu et M. Gordon se lient d'amitié et discutent de divers sujets, en philosophie, en mathématiques, en histoire... L'Ingénu s'instruit grâce à ces échanges et à ses lectures variées. Mais malgré un enrichissement intellectuel, l'Ingénu reste tourmenté par l'absence de Mlle de Saint-Yves et la préoccupation pour ses proches.

Chapitre 11

L'Ingénu poursuit son éducation et rédige ses pensées sur divers sujets, notamment l'histoire et la critique. Ils s'initient ensemble à l'astronomie, ce qui ravit l'Ingénu malgré son emprisonnement qui le prive de la contemplation du ciel.

Chapitre 12

L'Ingénu se passionne pour la littérature, trouvant dans Molière et Racine des échos de ses propres sentiments amoureux. Les pièces de Racine le bouleversent, tandis que *Rodogune* de Corneille le laisse indifférent, lui faisant questionner les jugements littéraires établis. Il se fie à ses propres réactions émotionnelles face à l'art, mettant en doute l'autorité des critiques.

Chapitre 13

Mlle de Saint-Yves, déterminée à retrouver l'Ingénu, part

secrètement pour Versailles le jour de son mariage avec le fils du bailli. Elle évite sa famille qui la poursuit et s'adresse à un jésuite pour se mettre à l'abri. Informée par un garde breton, elle apprend que l'Ingénu est emprisonné à la Bastille depuis près d'un an. Guidée par un commis ému par sa beauté, elle se rend chez le ministre M. de Saint-Pouange, espérant son aide pour libérer son amant.

Chapitre 14

L'Ingénu remet en question les disputes religieuses et la justification de sa captivité, tout en développant une amitié profonde avec Gordon. Leur échange de vues sur la liberté, la justice et l'amour les aide à trouver un réconfort mutuel. Sa captivité renforce son amour pour Mlle de Saint-Yves, exacerbant son désir de liberté.

Chapitre 15

Mlle de Saint-Yves se rend chez M. de Saint-Pouange, espérant son aide. À la surprise d'être reçue, elle se trouve confrontée à des avances déplacées en échange de la libération de l'Ingénu. Choquée et désemparée, elle refuse et retourne, bouleversée, partager son expérience avec l'amie qui l'héberge. Ensemble, elles décident de consulter leur directeur spirituel, le Père Tout-à-tous, pour obtenir conseil sur la manière de naviguer cette situation délicate.

Chapitre 16

Le Père Tout-à-tous, tout en feignant la surprise à l'évocation de Saint-Pouange, justifie subtilement les actions proposées en citant des exemples de la sainte antiquité et en manipulant les enseignements religieux pour suggérer qu'elle pourrait considérer la proposition sans commettre de péché grave. Perturbée par cette guidance équivoque, Mlle de Saint-Yves retourne chez son amie, tourmentée par l'idée de trahir son amant pour le sauver ou de le laisser souffrir en prison.

Chapitre 17

Mlle de Saint-Yves, désespérée par la situation, se trouve encouragée par son amie et une lettre de M. de Saint-Pouange, qui lui promet aide et récompenses en échange de faveurs intimes. Malgré une forte résistance intérieure, marquée par des sanglots et des larmes, elle finit par céder à la pression, espérant sauver et épouser son amant, tout en restant focalisée sur lui durant l'acte imposé par les circonstances.

Chapitre 18

Mlle de Saint-Yves, malgré son désespoir pour avoir dû compromettre sa vertu, obtient de M. de Saint-Pouange les ordres de libération pour l'Ingénu et le janséniste Gordon. Refusant un autre rendez-vous avec Saint-Pouange, elle est tourmentée par la honte et le remords, mais trouve un certain réconfort en réalisant les libérations. L'Ingénu, reconnaissant mais ignorant le prix payé pour sa liberté, célèbre le retour à la vie libre avec elle et Gordon, tandis que Mlle de Saint-Yves lutte avec les conséquences de son sacrifice.

Chapitre 19

Malgré la joie des retrouvailles et les projets d'avenir, l'Ingénu perçoit un malaise lié à l'origine de sa libération, signalé par les diamants envoyés par M. de Saint-Pouange. Tandis que la compagnie célèbre leur bonheur retrouvé, Mlle de Saint-Yves tombe gravement malade. Elle lutte alors contre sa maladie et sa culpabilité, exacerbées par l'intervention maladroite d'un médecin précipité. Son état se dégrade, soulignant le poids des épreuves morales sur sa santé physique.

Chapitre 20

Mlle de Saint-Yves finit par succomber à la maladie aggravée par son désespoir et des soins inadaptés, laissant un vide immense, particulièrement chez l'Ingénu. Avant sa mort, elle avoue avoir été contrainte à un acte déshonorant pour libérer l'Ingénu, ce qui émeut tous ceux présents. Saint-Pouange, qui arrive peu après le décès, est affecté par la nouvelle et promet de réparer ses erreurs. Malgré sa douleur profonde, l'Ingénu évite le suicide et accepte l'aide de Saint-Pouange, qui lui permet de mener une carrière militaire remarquable. La famille et les proches de Saint-Yves reçoivent des compensations, mais le deuil de sa perte reste profond.

LES RAISONS
DU SUCCÈS

Lorsque Voltaire publie *L'Ingénu* en 1767, l'Europe est en pleine effervescence intellectuelle et politique, avec les Lumières battant leur plein. Cette période est marquée par un questionnement profond sur les fondements de la société, la religion, la politique et le pouvoir. Les philosophes cherchent à éclairer le monde par la raison et à combattre l'obscurantisme. Dans ce climat de remise en question, les œuvres qui critiquent les institutions établies et proposent des réflexions sur la liberté, l'égalité et la justice reçoivent une attention particulière. *L'Ingénu*, avec son histoire d'un Huron « naturellement » éclairé qui découvre les absurdités de la société française, frappe l'imagination du public par sa critique acérée de l'Église catholique, de la monarchie absolue et de l'arbitraire judiciaire. Ce dernier point fait écho aux nombreux « combats » menés par Voltaire en faveur d'une justice plus équitable, et qui conduiront à la réhabilitation de Jean Calas en 1762 ou du Chevalier de la Barre en 1766, tous deux victimes du système judiciaire de leur temps.

Par ailleurs, le XVIIIe siècle voit l'émergence d'un nouveau public lecteur avide d'ouvrages traitant de sujets philosophiques, politiques et sociaux sous une forme accessible et divertissante. *L'Ingénu* répond parfaitement à cette demande en combinant satire, ironie et philosophie. Voltaire maîtrise l'art du conte philosophique, genre qui permet d'explorer des idées complexes tout en engageant le lecteur par une narration captivante. La structure narrative de *L'Ingénu*, qui mêle aventures personnelles et critique sociale, rend l'œuvre à la fois divertissante et instructive, contribuant à son succès auprès d'un large éventail de lecteurs.

L'environnement de diffusion des idées au XVIIIe siècle joue également un rôle crucial dans le succès de *L'Ingénu*. Les salons littéraires, les journaux, les pamphlets et les libraires sont les principaux vecteurs de la pensée des Lumières. Voltaire, figure emblématique de ce mouvement intellectuel, bénéficie d'une renommée qui dépasse les frontières de la France. Ses écrits circulent largement, malgré la censure, grâce à un réseau complexe de diffusion clandestine et à la complicité des libraires et des lecteurs. *L'Ingénu*, comme beaucoup d'autres textes de Voltaire, profite de cette dynamique pour toucher un public vaste et diversifié, contribuant à sa réception positive et à son insertion dans le patrimoine littéraire mondial.

LES THÈMES PRINCIPAUX

Dans *L'Ingénu* de Voltaire, la critique de la religion est un thème central qui permet à l'auteur de déployer son regard critique sur les institutions religieuses et leurs pratiques au XVIIIe siècle. À travers les péripéties de l'Ingénu, un Huron qui découvre la France et se convertit au catholicisme, Voltaire explore les contradictions et les absurdités de la religion chrétienne, ainsi que les effets délétères du fanatisme.

Dès son baptême, l'Ingénu, naïf et vierge de toute doctrine, pose des questions qui dérangent les autorités ecclésiastiques. Sa curiosité naturelle et son désir de comprendre le fondement des croyances auxquelles il est supposé adhérer mettent en lumière l'irrationalité de certaines pratiques et croyances religieuses. Sa rencontre avec les différents personnages, notamment le prieur et sa sœur, lui offre un aperçu de la diversité des opinions religieuses et des tensions qu'elles génèrent.

L'un des moments les plus significatifs de cette critique est le traitement réservé aux jansénistes et aux protestants dans le livre. Voltaire, à travers le personnage de l'Ingénu et les situations qu'il vit, dénonce la persécution des jansénistes, présentés comme des victimes d'un fanatisme aveugle et d'une intolérance institutionnalisée. La figure du bon Gordon, janséniste emprisonné sans raison valable, devient le symbole de cette critique. Son amitié avec l'Ingénu et leurs discussions sur la religion révèlent l'absurdité des querelles théologiques qui divisent les chrétiens et mènent à des actes de violence et d'oppression.

Le fanatisme est également critiqué dans le traitement des protestants, dont le sort évoque les conséquences tragiques de la révocation de l'Édit de Nantes. Voltaire utilise ces exemples historiques pour souligner l'injustice et la cruauté perpétrées au nom de la foi, questionnant ainsi la moralité et la légitimité des institutions religieuses qui soutiennent de telles pratiques.

Par ailleurs, l'injustice judiciaire est également présente et incarnée par le sort tragique de l'Ingénu, qui se retrouve, lui aussi, comme Gordon, injustement emprisonné. Le récit de son arrestation sans motif valable et de son emprisonnement sans procès met en lumière la critique virulente de Voltaire contre l'abus de pouvoir et les défauts du système judiciaire de son époque. L'Ingénu, étranger à ces pratiques, devient la victime innocente d'un système corrompu et arbitraire, où les lettres de cachet, ordres d'emprisonnement signés par le roi ou ses ministres sans procédure régulière, sont utilisées pour régler des comptes personnels ou pour museler les voix dissidentes.

La situation de l'Ingénu reflète des affaires réelles que Voltaire a combattues, telles que l'affaire Calas en 1762, où un protestant toulousain fut injustement accusé et exécuté pour le prétendu meurtre de son fils, afin de masquer le suicide de ce dernier, perçu comme une honte à cause du fanatisme religieux de l'époque. En utilisant le personnage de l'Ingénu, Voltaire dénonce non seulement l'arbitraire judiciaire mais également le danger de la concentration des pouvoirs et de leur utilisation sans contrôle ni contre-pouvoir.

Traité avec l'ironie et la finesse caractéristiques de l'œuvre de Voltaire, ce thème de l'injustice judiciaire ne vise pas seulement à divertir, mais aussi à éduquer le lecteur sur les dangers de l'autoritarisme et de l'injustice. En exposant ces abus à travers l'histoire de l'Ingénu, Voltaire plaide pour un système judiciaire plus équitable et pour la séparation des pouvoirs, idées révolutionnaires à son époque et qui résonnent encore aujourd'hui.

Enfin, il est intéressant de rappeler que l'Ingénu arrive en France avec un regard neuf et une candeur qui lui permettent de questionner avec une logique désarmante les institutions et les mœurs françaises, mettant souvent en lumière leur absurdité et leur irrationalité. Nous l'avons d'ailleurs vu précédemment lorsqu'il est confronté à l'absurdité des conflits religieux et du fanatisme.

Mais l'Ingénu va alors suivre un processus d'éducation, qui est un autre axe central du récit, et qui illustre comment l'esprit critique et l'apprentissage transforment un « sauvage » en un penseur éclairé. Sous la tutelle de M. de Kerkabon et d'autres, l'Ingénu découvre la littérature, les sciences, et les philosophies européennes. Cette éducation ne se limite pas à l'acquisition de connaissances ; elle est aussi un éveil intellectuel qui forge son esprit critique, lui permettant de discerner le raisonnable de l'absurde dans les traditions et les institutions de son pays d'adoption. L'éducation de l'Ingénu symbolise la foi de Voltaire dans le pouvoir de la raison et de l'instruction comme moteurs du progrès individuel et social.

Voltaire dépeint ainsi la confrontation entre la naïveté éclairée de l'Ingénu, symbolisant la raison et l'esprit critique, et la complexité parfois irrationnelle de la société européenne. Cette interaction souligne l'importance de remettre en question les normes établies et d'embrasser l'éducation comme moyen d'améliorer la société.

ÉTUDE DU MOUVEMENT LITTÉRAIRE

L'Ingénu de Voltaire est une œuvre qui incarne de manière emblématique les idéaux des Lumières, un mouvement littéraire, philosophique et intellectuel qui a dominé l'Europe du XVIIIe siècle. Ce mouvement, caractérisé par une foi profonde dans la raison, le questionnement critique des traditions et des autorités, ainsi qu'un engagement pour le progrès social, trouve dans l'œuvre de Voltaire un de ses exemples les plus éloquents.

Le livre se présente comme un conte philosophique, un genre littéraire qui mélange récit et réflexion philosophique, typique de l'époque des Lumières. Par ce biais, Voltaire examine et critique les institutions sociales, politiques et religieuses de son temps, mettant en lumière leur irrationalité et leur arbitraire. L'Ingénu, avec sa perspective externe et naïve sur la société française, sert de catalyseur à ces critiques, permettant à Voltaire de déployer son esprit critique de manière souvent humoristique mais toujours incisive.

La raison et l'esprit critique, piliers du mouvement des Lumières, sont au cœur de *L'Ingénu*. Le personnage principal, par ses interrogations naïves mais logiques, dévoile les contradictions et les absurdités des mœurs et des institutions de son temps. Cette démarche incarne l'appel des philosophes des Lumières à utiliser la raison comme outil de compréhension du monde et de réforme de la société.

Le thème de la tolérance religieuse, cher aux philosophes des Lumières, est également central dans l'œuvre. Voltaire y critique le fanatisme religieux et prône une approche rationnelle de la religion, qui respecte les croyances de chacun dans les limites de la raison. Cela reflète l'engagement des Lumières pour la liberté de pensée et la séparation entre l'Église et l'État.

Enfin, *L'Ingénu* illustre l'optimisme des Lumières quant au rôle de l'éducation dans l'amélioration de l'individu et de la société. Le parcours de l'Ingénu, de sa condition de « sauvage » à celle d'homme éclairé par la raison et l'instruction, symbolise la croyance dans le progrès humain à travers l'acquisition de connaissances et l'exercice de l'esprit critique.

DANS LA MÊME COLLECTION
(par ordre alphabétique)

- **Anonyme**, *La Farce de Maître Pathelin*
- **Anouilh**, *Antigone*
- **Aragon**, *Aurélien*
- **Aragon**, *Le Paysan de Paris*
- **Austen**, *Raison et Sentiments*
- **Balzac**, *Illusions perdues*
- **Balzac**, *La Femme de trente ans*
- **Balzac**, *Le Colonel Chabert*
- **Balzac**, *Le Lys dans la vallée*
- **Balzac**, *Le Père Goriot*
- **Barbey d'Aurevilly**, *L'Ensorcelée*
- **Barbey d'Aurevilly**, *Les Diaboliques*
- **Bataille**, *Ma mère*
- **Baudelaire**, *Les Fleurs du Mal*
- **Baudelaire**, *Petits poèmes en prose*
- **Beaumarchais**, *Le Barbier de Séville*
- **Beaumarchais**, *Le Mariage de Figaro*
- **Beauvoir**, *Mémoires d'une jeune fille rangée*
- **Beckett**, *Fin de partie*
- **Brecht**, *La Noce*
- **Brecht**, *La Résistible ascension d'Arturo Ui*
- **Brecht**, *Mère Courage et ses enfants*
- **Breton**, *Nadja*
- **Brontë**, *Jane Eyre*
- **Camus**, *L'Étranger*
- **Camus**, *Le Mythe de Sisyphe*
- **Carroll**, *Alice au pays des merveilles*
- **Céline**, *Mort à crédit*

- **Céline**, *Voyage au bout de la nuit*
- **Chateaubriand**, *Atala*
- **Chateaubriand**, *René*
- **Chrétien de Troyes**, *Perceval*
- **Cocteau**, *Les Enfants terribles*
- **Colette**, *Le Blé en herbe*
- **Corneille**, *Le Cid*
- **Crébillon fils**, *Les Égarements du cœur et de l'esprit*
- **Defoe**, *Robinson Crusoé*
- **Dickens**, *Oliver Twist*
- **Du Bellay**, *Les Regrets*
- **Dumas**, *Henri III et sa cour*
- **Duras**, *L'Amant*
- **Duras**, *La Pluie d'été*
- **Duras**, *Un barrage contre le Pacifique*
- **Flaubert**, *Bouvard et Pécuchet*
- **Flaubert**, *L'Éducation sentimentale*
- **Flaubert**, *Madame Bovary*
- **Flaubert**, *Salammbô*
- **Gary**, *La Vie devant soi*
- **Giraudoux**, *Électre*
- **Giraudoux**, *La Guerre de Troie n'aura pas lieu*
- **Gogol**, *Le Mariage*
- **Homère**, *L'Odyssée*
- **Hugo**, *Hernani*
- **Hugo**, *Les Misérables*
- **Hugo**, *Notre-Dame de Paris*
- **Huxley**, *Le Meilleur des mondes*
- **Jaccottet**, *À la lumière d'hiver*
- **James**, *Une vie à Londres*
- **Jarry**, *Ubu roi*
- **Kafka**, *La Métamorphose*
- **Kerouac**, *Sur la route*

- **Kessel**, *Le Lion*
- **La Fayette**, *La Princesse de Clèves*
- **Le Clézio**, *Mondo et autres histoires*
- **Levi**, *Si c'est un homme*
- **London**, *Croc-Blanc*
- **London**, *L'Appel de la forêt*
- **Maupassant**, *Boule de suif*
- **Maupassant**, *La Maison Tellier*
- **Maupassant**, *Le Horla*
- **Maupassant**, *Une vie*
- **Molière**, *Amphitryon*
- **Molière**, *Dom Juan*
- **Molière**, *L'Avare*
- **Molière**, *Le Malade imaginaire*
- **Molière**, *Le Tartuffe*
- **Molière**, *Les Fourberies de Scapin*
- **Musset**, *Les Caprices de Marianne*
- **Musset**, *Lorenzaccio*
- **Musset**, *On ne badine pas avec l'amour*
- **Perec**, *La Disparition*
- **Perec**, *Les Choses*
- **Perrault**, *Contes*
- **Prévert**, *Paroles*
- **Prévost**, *Manon Lescaut*
- **Proust**, *À l'ombre des jeunes filles en fleurs*
- **Proust**, *Albertine disparue*
- **Proust**, *Du côté de chez Swann*
- **Proust**, *Le Côté de Guermantes*
- **Proust**, *Le Temps retrouvé*
- **Proust**, *Sodome et Gomorrhe*
- **Proust**, *Un amour de Swann*
- **Queneau**, *Exercices de style*
- **Quignard**, *Tous les matins du monde*

- **Rabelais**, *Gargantua*
- **Rabelais**, *Pantagruel*
- **Racine**, *Andromaque*
- **Racine**, *Bérénice*
- **Racine**, *Britannicus*
- **Racine**, *Phèdre*
- **Renard**, *Poil de carotte*
- **Rimbaud**, *Une saison en enfer*
- **Sagan**, *Bonjour tristesse*
- **Saint-Exupéry**, *Le Petit Prince*
- **Sarraute**, *Enfance*
- **Sarraute**, *Tropismes*
- **Sartre**, *Huis clos*
- **Sartre**, *La Nausée*
- **Senghor**, *La Belle histoire de Leuk-le-lièvre*
- **Shakespeare**, *Roméo et Juliette*
- **Steinbeck**, *Les Raisins de la colère*
- **Stendhal**, *La Chartreuse de Parme*
- **Stendhal**, *Le Rouge et le Noir*
- **Verlaine**, *Romances sans paroles*
- **Verne**, *Une ville flottante*
- **Verne**, *Voyage au centre de la Terre*
- **Vian**, *J'irai cracher sur vos tombes*
- **Vian**, *L'Arrache-cœur*
- **Vian**, *L'Écume des jours*
- **Voltaire**, *Candide*
- **Voltaire**, *Micromégas*
- **Zola**, *Au Bonheur des Dames*
- **Zola**, *Germinal*
- **Zola**, *L'Argent*
- **Zola**, *L'Assommoir*
- **Zola**, *La Bête humaine*
- **Zola**, *Nana*